Kleine Helden: Erstlesebuch für mutige Jungen.

Stärkende Silbengeschichten
über Freundschaft, Mut und
Selbstbewusstsein
zum Lesenlernen für Erstleser ab der
1.Klasse

D1620443

Inhaltsverzeichnis

Liebe Eltern, liebe Schenkende,

der Start in die Schule ist für die meisten Kinder ein ganz besonderer Moment: Es gibt so viel Neues zu entdecken, zu lernen und zu begreifen. Wir wünschen uns, dass unser Kind mit Spaß und Selbstbewusstsein ins Schulabenteuer startet. Hoffen, dass es mit Freude das Lesen lernt und dabei stolz eigenen Stärken entdeckt. Doch ein neuer Lebensabschnitt kann manchmal auch ganz schön aufregend sein und von Unsicherheiten begleitet werden. Warum können andere Kinder schon so gut lesen? Finde ich neue Freunde? Bin ich klug und mutig genug?
Wir möchten unserem Kind dann am liebsten zurufen: Du bist so ein toller Junge! Du schaffst das, du bist klug, neugierig, talentiert und natürlich wirst du schnell neue Freunde finden! Wir können unseren Kindern nicht oft genug diese positiven Glaubenssätze zuflüstern, die ihr Selbstbewusstsein und den Glauben in sich selbst schon früh stärken.
Dieses Buch vereint spannende Erstlese-Geschichten von kleinen Helden mit genau diesen positiven Affirmationen.
Altersgerechte Geschichten in rot-blauer

Silbenschrift können von den kleinen Erstlesern selbst gelesen werden und schenken schnell Lese-Erfolgserlebnisse.

Jede Geschichte bringt zusätzlich eine wichtige, stärkende Botschaft mit sich, die sich ab dem ersten Lesen im Kopf verankert. Eine individuelle Frage zum Thema der Geschichte bietet zusätzlich die Möglichkeit, über die eigenen Stärken nachzudenken, zu reflektieren und sich zu unterhalten.

Auf der nächsten Seite findet ihr ein Vorwort extra für den Jungen, der dieses Buch lesen wird. Wenn er im Lesen noch nicht so weit ist, lies es ihm zum Start gerne einmal vor. Das Gleiche gilt übrigens auch für die Geschichten in diesem Buch, die sich auch schon wunderbar zum Vorlesen für Vorschulkinder eignen oder für Jungen, die noch nicht so sicher im Lesen sind. Ich wünsche viel Spaß beim ersten Lesen!

Und dass jeder kleine Junge, der dieses Buch in den Händen hält, herausfindet, dass er auf seine Weise eine kleiner Held ist.

Elisa Blum

Lieber kleiner Leser,

wie schön, dass du dieses Buch in deinen Händen hältst! Auf dich warten nun acht spannende Geschichten über tolle Jungen. Jede dieser Geschichten hat etwas Besonderes an sich, genau wie du! Vielleicht fragst du dich manchmal, ob du das alles schaffen kannst. Ob du klug, mutig oder stark genug bist. Dieses Buch möchte dir zeigen, dass du all diese Dinge und noch viel mehr in dir trägst. In den Geschichten wirst du Kinder treffen, die manchmal unsicher sind, aber immer ihren eigenen Weg finden. Sie stellen sich ihren Herausforderungen. Sie lernen Neues und entdecken, wie stark und mutig sie wirklich sind.
Und genau das schaffst auch du!

Am Ende jeder Geschichte gibt es eine
Frage nur für dich. Sie hilft dir, über
deine eigenen Stärken nachzudenken
und zu erkennen, was für ein toller
Junge du bist. Vielleicht fällt dir nicht
sofort die Antwort auf eine Frage ein.
Das ist gar nicht schlimm! Manchmal
muss man auch ein bisschen
nachdenken oder mit seinen Eltern und
Freunden darüber sprechen. Du wirst
sehen, es wird dir richtig viel Spaß
machen!
Dieses Buch ist nicht nur zum Lesen da,
es soll dir auch zeigen, dass du der Held
in deiner eigenen Geschichte bist.

Viel Spaß beim Lesen und Entdecken!
Deine Elisa

Ben und die Kletterwand

Heute geht Bens Klasse in die
Kletterhalle. Ben ist aufgeregt. „Das
wird toll!", ruft Tim, sein bester
Freund. Ben lächelt unsicher.

Die Kletterwände in der Halle sehen riesig aus. „Was, wenn ich das nicht schaffe?", denkt er.

In der Halle zeigt die Trainerin den Kindern, wie sie klettern sollen. „Immer mit einem Fuß nach oben treten und mit den Händen festhalten", erklärt sie. „Ihr schafft das!"

Tim klettert als Erster und kommt schnell nach oben. „Das ist einfach!", ruft er. Dann ist Ben an der Reihe. Er zieht den Gurt an und fasst die ersten Griffe. „Ich probiere es", denkt er. Ihm ist mulmig.

Am Anfang läuft es gut.

Er klettert höher und höher. Doch dann rutscht sein Fuß ab!

Plötzlich hängt er nur noch an seinen Armen. Panik steigt in ihm auf. „Ich kann nicht mehr!", ruft er.

„Atme tief ein, Ben!", ruft die Trainerin von unten. „Du schaffst das!"

Ben atmet tief ein. Doch seine Hände zittern. „Ich will runter", ruft er.

Die Trainerin lässt ihn langsam nach unten gleiten. Unten angekommen, ist Ben enttäuscht. „Ich wusste, dass ich das nicht kann", sagt er. Er setzt sich auf eine Bank und schaut zu, wie die anderen Kinder klettern.

„Was ist los,
Ben?", fragt
seine Freundin
Lisa. „Das ist
doch gar nicht
schlimm.
Versuch es
einfach
nochmal!"
Ben denkt an
das, was seine
Mama ihm
morgens
gesagt hat:

„Du bist stark und kannst alles schaffen, was du dir vornimmst."
Er schaut wieder zur Wand.
„Ich probiere es nochmal",entscheidet er. Dieses Mal überlegt Ben genau, welche Griffe er nehmen soll.
Er konzentriert sich auf jeden Schritt.
Plötzlich kommt er an die Stelle, an der er zuvor abgerutscht ist. Seine Hände zittern wieder.

„Ich bin stark", sagt er leise
zu sich selbst. Er greift einen
anderen Griff und zieht sich
hoch. Schritt für Schritt
klettert Ben weiter, bis er die
Spitze erreicht. „Ich hab's
geschafft!", ruft er laut. Die anderen
Kinder klatschen. Tim grinst. „Das war
klasse, Ben!"
Als Ben wieder unten ist, strahlt er.
„Ich habe es geschafft, obwohl ich fast
aufgegeben hätte", denkt er stolz.

„Du bist echt stark, Ben", sagt Lisa.
Ben lächelt und antwortet: „Manchmal
muss man einfach weitermachen oder
es nochmal probieren."
Jetzt weiß Ben, dass er alles schaffen
kann, wenn er an sich glaubt.

Du hast mit Ben gelernt

Ich bin mutig und stark.
Ich gebe nicht auf, wenn es
schwierig wird.

Jetzt bist du dran:

Auch du warst schon einmal mutig.
Erinnerst du dich
an eine Situation?

Elias und die leisen Worte

Elias ist der leiseste Junge in seiner Klasse. Wenn die anderen Kinder laut spielen oder reden, hört man Elias kaum.

In der Pause sitzt er oft alleine auf der Bank und liest ein Buch. Er mag es, in Geschichten zu versinken, wo niemand ihn unterbricht. Doch manchmal wünscht er sich, dass die anderen Kinder ihn beachten.

„Warum bist du so still?", fragt Tom einmal. „Man hört dich ja gar nicht!" Die anderen Kinder lachen. Elias wird rot. „Ich bin eben so", murmelt er und senkt den Blick. Tief in seinem Herzen wünscht er sich, nicht immer übersehen zu werden.

Eines Tages bereitet die Klasse ein Theaterstück vor.

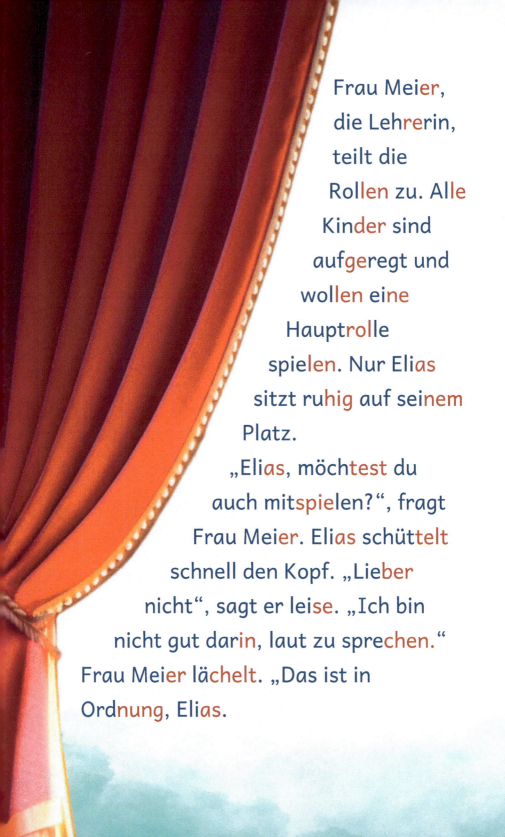

Frau Meier,
die Lehrerin,
teilt die
Rollen zu. Alle
Kinder sind
aufgeregt und
wollen eine
Hauptrolle
spielen. Nur Elias
sitzt ruhig auf seinem
Platz.

„Elias, möchtest du
auch mitspielen?", fragt
Frau Meier. Elias schüttelt
schnell den Kopf. „Lieber
nicht", sagt er leise. „Ich bin
nicht gut darin, laut zu sprechen."
Frau Meier lächelt. „Das ist in
Ordnung, Elias.

Aber ich habe eine besondere Rolle für dich. Du kannst der Erzähler sein. Du liest die Geschichte vor, während die anderen spielen." Elias' Augen weiten sich. „Aber... was, wenn ich zu leise bin?", fragt er. „Dann hört mich niemand."

„Elias", sagt Frau Meier sanft, „deine Stimme ist ruhig und klar. Sie ist besonders. Genau das brauchen wir, um die Geschichte lebendig zu machen. Du musst nicht laut sein, um aufzufallen."

Am Tag der Aufführung sitzt Elias auf einem Stuhl am Rand der Bühne.

Er hält das Buch mit der Geschichte in der Hand. Seine Hände zittern ein wenig, aber er atmet tief ein und beginnt zu lesen.

Seine Stimme ist leise, aber jedes Wort klingt deutlich. Nach und nach füllt seine warme Stimme den Raum. Die anderen Kinder spielen ihre Rollen, doch es ist Elias, der die Geschichte zusammenhält.

Am Ende der Aufführung applaudieren die Eltern und Lehrer laut. „Das war toll, Elias!", sagt Ava aus seiner Klasse. „Deine Stimme hat uns alle verzaubert!" Tom nickt. „Du bist echt gut, Elias. Deine leisen Worte machen die Geschichte besonders."

Elias lächelt zum ersten Mal richtig breit. Jetzt weiß er: Seine leise Art ist keine Schwäche. Sie macht ihn einzigartig, und darauf kann er stolz sein. „Ich bin gut, so wie ich bin", denkt Elias zufrieden.

Du hast mit Elias gelernt

Ich bin einzigartig und besonders.
Ich muss nicht laut sein, um das zu
zeigen.

Jetzt bist du dran:

Auch du hast Dinge, die dich
einzigartig machen.
Fällt dir etwas ein?

Nicks magische Kiste

Nick ist ein Junge, der immer tolle Ideen hat. Egal, ob er mit seinen Freunden spielt oder allein im Garten ist, ihm fallen die besten Sachen ein.

Eines Tages, als er im Garten nach Schätzen sucht, entdeckt er unter einem Busch eine alte Holzkiste. Sie glitzert in der Sonne und hat goldene Muster. Nick ist neugierig. Er öffnet die Kiste vorsichtig und findet einen Zettel. Darauf steht: „Diese Kiste ist magisch. Sie verwandelt deine Ideen in etwas Besonderes." Nick grinst. Das klingt spannend!

Er überlegt nicht lange. „Ich wünsche mir ein Abenteuer!", ruft er. Plötzlich beginnt die Kiste zu leuchten.

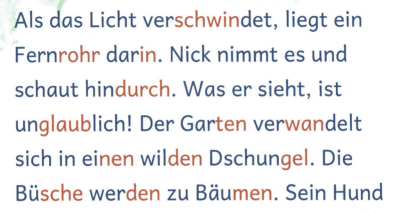

Als das Licht verschwindet, liegt ein
Fernrohr darin. Nick nimmt es und
schaut hindurch. Was er sieht, ist
unglaublich! Der Garten verwandelt
sich in einen wilden Dschungel. Die
Büsche werden zu Bäumen. Sein Hund
Max sieht aus wie ein
gefährlicher
Tiger.
Nick
lacht und
rennt los.

Er springt über umgefallene Baumstämme, die eigentlich nur Holzklötze sind.
Dann rettet er einen Teddybären aus einer tiefen Schlucht, dem Sandkasten.
Als er eine Pause macht, holt er Papier und Stifte. Nick malt ein Bild von seinem Abenteuer. Die Kiste leuchtet wieder, und plötzlich wird das Bild lebendig! Die Tiere bewegen sich, und Nick hört sogar, wie sie brüllen. Er klatscht vor Freude in die Hände.
Doch dann passiert etwas Unerwartetes.

Die Kiste beginnt plötzlich zu zittern und leuchtet hell auf. Ein kleiner, freundlicher Drache schlüpft heraus! „Hallo, Nick!", sagt der Drache. „Ich bin Luno, der Wächter der Kiste. Du hast so viele gute Ideen. Ich möchte dir helfen, sie noch besser zu nutzen." Nick staunt. Luno zeigt ihm, wie man die Kiste noch besser nutzen kann.

Zusammen bauen sie
eine kleine Rakete aus
Pappkartons und malen Sterne
darauf. Die Kiste leuchtet, und die
Rakete wird lebendig! Nick und Luno
fliegen durch den Garten und entdecken
einen „Planeten" aus Blumen.
Am Abend erzählt Nick seiner Familie
von der Kiste und Luno. Sein Papa
lächelt und sagt: „Weißt du, die Kiste
ist nur magisch, weil du so viele gute
Ideen hast. Du bist selbst der
Zauberer!"

Nick versteht: Seine Kreativität ist das eigentliche Geheimnis.

Seitdem nutzt Nick die Kiste oft, aber er weiß, dass die besten Ideen aus seinem Kopf kommen. Und wenn er mal nicht weiter weiß, denkt er: „Ich bin kreativ und mir fällt immer etwas ein!"

Du hast mit Nick gelernt

Ich bin kreativ und habe tolle Ideen. Die größten Abenteuer stecken in mir.

Jetzt bist du dran:

Auch du hattest schon einmal eine besondere Idee. Fällt dir etwas ein?

Noahs besonderes Talent

Noah liebt seine Geige. Wenn er spielt, fühlt er sich frei. Doch in der Schule redet er kaum darüber. Keiner seiner Freunde spielt ein Instrument. Fußball,

Wettrennen, Computerspiele – das ist
cool. Aber Geige? „Das interessiert
doch niemanden", denkt Noah oft.
Eines Tages, als er von der Schule nach
Hause läuft, hört er ein seltsames
Geräusch aus einem alten Haus am
Ende der Straße. Eine Tür steht halb
offen. Neugierig tritt Noah näher. Dort
drin ist Musik. Eine Geige – aber sie
klingt traurig, als
würde jemand
weinen.
Er blickt durch die
Tür und sieht einen
alten Mann auf
einem Stuhl sitzen.
In seinen Händen
hält er eine Geige,
aber seine Finger
zittern.

Immer wieder versucht er eine Melodie
zu spielen, doch es klingt abgehackt.
Noah traut sich nicht, etwas zu
sagen. Doch als der Mann die
Geige seufzend auf seinen
Schoß legt, fragt Noah
leise: „Brauchen Sie
Hilfe?"
Der Mann blickt auf.
Seine Augen sind
freundlich,
aber müde.
„Früher
habe ich
immer
gespielt.

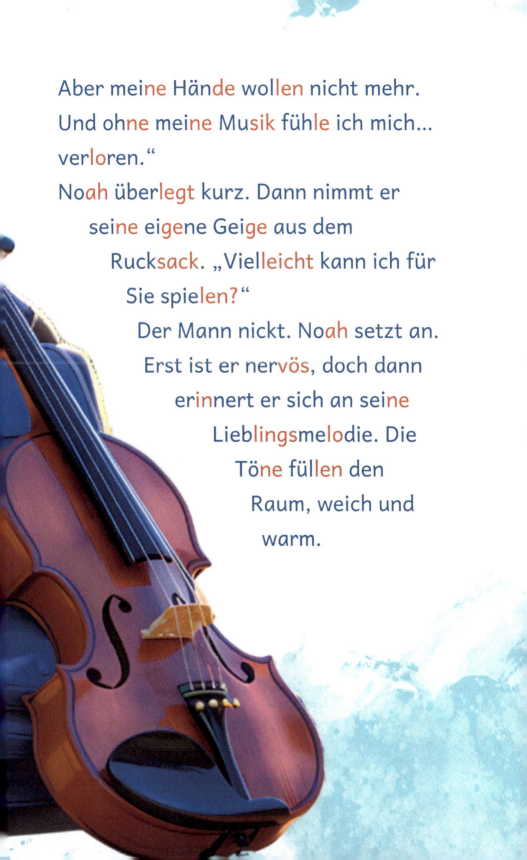

Aber meine Hände wollen nicht mehr.
Und ohne meine Musik fühle ich mich...
verloren."
Noah überlegt kurz. Dann nimmt er
seine eigene Geige aus dem
Rucksack. „Vielleicht kann ich für
Sie spielen?"
Der Mann nickt. Noah setzt an.
Erst ist er nervös, doch dann
erinnert er sich an seine
Lieblingsmelodie. Die
Töne füllen den
Raum, weich und
warm.

Der Mann schließt die Augen und wiegt den Kopf im Takt.

Als Noah fertig ist, sieht er Tränen in den Augen des alten Mannes. „Danke, Junge. Du hast die Musik zurückgebracht."

Noah lächelt. Zum ersten Mal fühlt er es wirklich: Seine Musik kann etwas bewegen.

Am nächsten Tag erzählt er in der
Schule von seinem Erlebnis.
Lia sagt: „Das klingt wunderschön!
Kannst du uns mal was vorspielen?"
Noah zögert kurz. Dann nickt er.
Plötzlich ist es ihm nicht mehr peinlich.

Denn jetzt weiß er: Seine Musik ist ein Geschenk. Und wenn er mal zweifelt, erinnert er sich an die Worte des alten Mannes: „Du hast die Musik zurückgebracht."

Du hast mit Noah gelernt

Ich habe ein besonderes Talent.
Ich kann damit etwas bewegen.

Jetzt bist du dran:

Auch du hast ein Talent, das
nicht jeder besitzt.
Welches könnte das sein?

Kai und der Elfmeter

Kai liebt Fußball. Er spielt in der Schulmannschaft und trainiert jeden Tag. Doch oft fühlt er sich unsichtbar.

Justus ist der Kapitän. Er ist schnell,
stark und macht fast immer ein Tor.
„Ich bin der Beste!", sagt Justus oft.
„Ihr müsst euch mehr anstrengen!" Kai
sagt nichts. Vielleicht hat Justus recht.
Er spielt wirklich gut.
Eines Tages hat Kais
Mannschaft ein wichtiges
Spiel. Sie spielen gegen
die besten Fußballer des
Turniers. Alle sind
nervös. „Lasst mich
machen, ich hole
den Sieg!", ruft
Justus.
Das Spiel beginnt. Es
ist hart. Die andere
Mannschaft ist stark.
Beide Teams kämpfen
um jeden Ball.

Es steht 1:1. Plötzlich pfeift der Schiedsrichter. Elfmeter für die Gegner! Der Spieler schießt – Tor! Kais Team liegt zurück. Die Kinder lassen die Köpfe hängen. „Jetzt verlieren wir", murmelt einer.

Doch kurz darauf passiert etwas Unerwartetes: In der letzten Minute bekommt Kais Team selbst einen Elfmeter! Jetzt haben sie eine letzte Chance!

Der Trainer schaut die Kinder an. „Wer will schießen?" Plötzlich ist es ganz still. Justus tritt einen Schritt zurück. „Mal sehen, wer sich traut", murmelt er. Kai schaut sich um. Niemand meldet sich. Sein Herz klopft schnell. „Ich habe noch nie einen Elfmeter geschossen", denkt er. „Was, wenn ich daneben schieße?"

Dann erinnert er sich an die Worte seines Vaters: „Kai, du kannst mehr, als du denkst. Trau dich einfach!"

Kai hebt die Hand. „Ich mache es.“
Die Kinder schauen überrascht. Der
Trainer nickt. „Gut, Kai. Konzentrier
dich.“
Kai stellt den Ball auf den Punkt. Der
Torwart hüpft auf der Linie hin und her.
Die Zuschauer rufen laut. Kai atmet tief
ein. Dann läuft er an – und schießt! Der
Ball fliegt in die untere Ecke des Tores.
Tor! Tor! Tor!

Die Mannschaft jubelt. Alle rennen zu Kai und umarmen ihn. Das Spiel endet unentschieden, aber für Kai fühlt es sich an wie ein Sieg.

Nach dem Spiel kommt Justus zu ihm. „Gut gemacht, Kai", sagt er leise. Doch dann fügt er hinzu: „Das war Glück."

Kai spürt, wie sein Mut wächst. „Nein, es war Übung und Mut", sagt er und sieht Justus in die Augen.

Justus schaut kurz überrascht, dann nickt er langsam.

Auf dem Heimweg fühlt sich Kai anders.
Er sieht sich nicht mehr als
unsichtbaren Spieler. Jetzt weiß er:
„Ich bin mutig und stark. Ich kann
mehr, als ich denke!"

Du hast mit Kai gelernt

Ich bin selbstbewusst und traue
mich etwas.

Jetzt bist du dran:

Auch du hast dich bestimmt schon
einmal etwas getraut. Erinnerst du
dich an das gute Gefühl, das du
danach hattest?

Levi ist neu

Levi steht vor seiner neuen Schule. Sein Bauch kribbelt. Er kennt hier niemanden. „Was, wenn ich keine neuen Freunde finde?"

Die Lehrerin stellt ihn freundlich lächelnd vor. „Das ist Levi. Er ist neu hier."

Die Kinder schauen ihn kurz an. Julian winkt, Toni lächelt. Doch dann drehen sich alle wieder um. Keiner fragt ihn etwas.

Levi setzt sich auf einen freien Platz. Die Lehrerin redet, aber er hört kaum zu. Er schaut auf die anderen Kinder. Julian tuschelt mit Toni. Liam malt in sein Heft. Keiner spricht mit ihm.

In der Pause geht er auf den Schulhof. Überall rennen Kinder herum. Eine Gruppe spielt Fangen.

49

Levi überlegt, ob er fragen soll, ob er mitmachen kann. Doch als er näher kommt, hört er, wie Julian ruft: „Fang mich doch, Toni!"

Toni lacht. „Du bist viel zu langsam!"

Levi schluckt. Wenn die so schnell sind, wollen sie bestimmt nicht mit ihm spielen. Er dreht um und setzt sich auf eine Bank. Niemand bemerkt ihn. Plötzlich setzt sich jemand neben ihn.

„Hallo", sagt der Junge.

Levi schaut auf. Es ist Liam.

„Du bist neu in der Stadt, oder?" fragt Liam. Levi nickt. Liam nimmt einen Stock und malt damit eine Linie in den Sand. „Ich kenne das. Neu sein ist blöd." „Ja", murmelt Levi.

Plötzlich kommt Julian angerannt.

„Hey, Liam! Wir wollen eine Bude bauen! Kommst du mit?"

Liam schaut Levi an.

„Darf Levi auch mitmachen?"

Julian zuckt mit den Schultern. „Klar!
Wir brauchen eh noch mehr Leute."

Levi spürt, wie sein Herz hüpft. Eben
dachte er noch, dass niemand mit ihm
spielen will – und jetzt fragen sie ihn!
Zusammen laufen sie zu einer Ecke des
Schulhofs. Dort liegen große Äste und
Bretter.

„Wir bauen eine geheime Hütte!",
erklärt Toni.

Levi schaut sich um. „Ich kenne eine gute Technik, damit das Dach hält", sagt er.

„Echt? Zeig mal!", ruft Julian.

Levi zeigt ihnen, wie sie die Äste schichten können, damit die Hütte stabil bleibt. Die anderen nicken begeistert.

Am Ende steht eine kleine, aber gemütliche Hütte. „Hier ist ab jetzt unser Geheimversteck!", ruft Toni.

Levi setzt sich neben Liam. Jetzt fühlt er sich nicht mehr neu. Er lächelt und spürt ein aufgeregtes Kribbeln in seinem Bauch. Denn er gehört dazu.

Du hast mit Levi gelernt

Ich bin liebenswert.
Ich werde neue Freunde finden, die
mich so mögen, wie ich bin.

Jetzt bist du dran:

Auch du warst bestimmt schon
einmal neu in einer Gruppe.
Wie hast du neue Kinder
kennengelernt?

Jonas' beste Idee

Jonas liebt es, Dinge zu bauen. In
seinem Zimmer liegen viele Werkzeuge.
Er hat Schrauben in kleinen Kisten. Alte
Geräte stehen auf seinem Tisch.

Das macht ihn glücklich.

In der Schule fühlt sich Jonas oft anders. Paul ist gut im Fußball. Mia malt die schönsten Bilder. Was kann Jonas gut? „Ich kann nichts Besonderes", denkt Jonas traurig.

Eines Tages sagt Frau Schmidt: „Wir brauchen eine Idee für das Schulfest. Hat jemand einen Vorschlag?"

Die Kinder rufen: „Ein Kuchenstand!"

„Wir könnten ein Konzert machen!"

„Wie wäre es mit einem Quiz?"

Jonas überlegt. Doch dann ruft Paul:

„Jonas, hast du nicht eine Idee? Ach ne, du denkst ja nur an Schrauben und Drähte!"

Einige Kinder kichern.

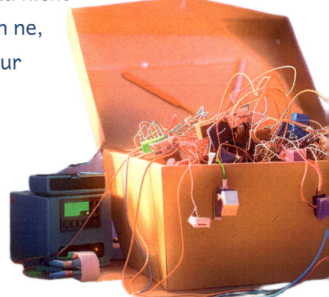

Jonas wird rot. Er sagt nichts mehr.
Zu Hause ist Jonas traurig. Er sitzt auf
dem Boden zwischen seinen Teilen.
Da fällt sein Blick auf ein altes
Spielzeug. Es hat bunte
Kugeln und ein Rad.
Jonas nimmt es in
die Hand.
Das ist es! Seine
Augen werden
groß. „Was,
wenn ich eine
Spielmaschine
baue? Eine,
die Spaß
macht?"

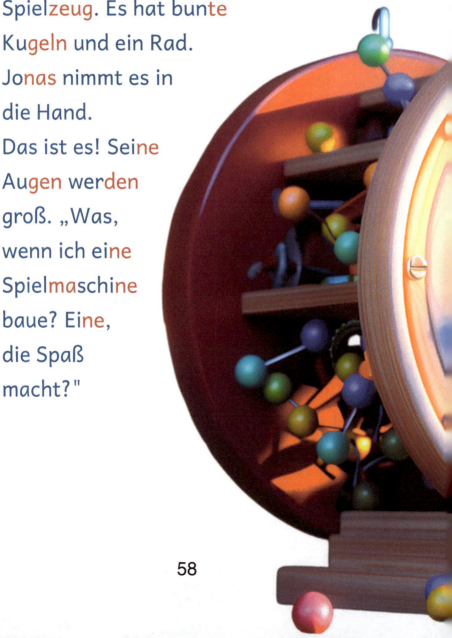

Jonas beginnt sofort. Er schraubt und klebt. Er probiert aus. Manchmal klappt es nicht. Dann versucht er es anders. „Ich finde eine Lösung", sagt Jonas. Nach vielen Stunden ist die Maschine fertig. Sie hat ein Rad und eine Rutsche für Kugeln.

Wenn man den roten Knopf drückt, drehen sich Räder. Dann rollt eine Kugel heraus. Es ist jedes Mal eine andere Farbe.

Am nächsten Tag bringt Jonas seine Maschine mit. „Was ist das?", fragt Luca. Jonas zeigt es: „Man drückt den roten Knopf. Wer eine goldene Kugel bekommt, hat gewonnen."

Die Kinder probieren es aus. Sie jubeln, wenn die Kugeln rollen. Doch plötzlich macht es KRACH! Der Knopf bricht ab. Die Kugeln fallen auf den Boden. Ein Rad rollt weg. „Ha! Deine Maschine ist kaputt!", lacht Paul.

Jonas steigen Tränen in die Augen. Seine schöne Maschine! Aber dann atmet er tief ein. „Ich kann das reparieren", sagt er leise.

In der Pause sitzt Jonas allein. Er schaut sich die Maschine genau an. Er hat kein Werkzeug dabei. Was soll er tun? Da kommt Mia. „Kann ich helfen?", fragt sie. Auch Luca kommt dazu. „Mein Lineal könnte ein Hebel sein", sagt Luca. „Und ich habe Klebeband", sagt Mia.

Gemeinsam reparieren sie die Maschine. Sie arbeiten als Team. Jonas erklärt, was zu tun ist.

Nach der Pause zeigt Jonas die Maschine. Sie funktioniert sogar besser als vorher!

Beim Schulfest stehen alle Kinder an Jonas' Stand Schlange. Sogar Paul sagt: „Das ist wirklich cool."

Jonas lächelt stolz. Jetzt weiß er: „Ich finde immer eine Lösung!"

Du hast mit Jonas gelernt

Ich bin klug und kreativ.
Wenn ich Probleme habe,
finde ich Lösungen.

Jetzt bist du dran:

Auch du wolltest bestimmt
schon einmal etwas so sehr,
dass du nicht aufgegeben hast.
Was war das?

Max ist ein Superheld

Max ist ein Junge, der davon träumt,
ein Superheld zu sein. Er liebt es, sich
Geschichten auszudenken, in denen er
mit Superkräften die Welt rettet.

Doch im echten Leben fühlt sich Max alles andere als heldenhaft. „Ich bin eben doch kein Held", denkt er oft.

Eines Tages sieht Max in der Pause seine Mitschülerin Lena. Sie sitzt allein auf einer Bank und sieht traurig aus. Neben ihr liegt ein Fußball. Max hört, wie sie leise sagt: „Ich werde nie gut genug sein, um im Team zu spielen."

Max möchte etwas sagen, aber er traut sich nicht. „Was könnte ich schon tun?", denkt er und geht weiter.

In der Nacht träumt Max etwas Besonderes. Er wacht in einer riesigen Stadt auf, die von einem gefährlichen Dinosaurier bedroht wird.

Der Dino stampft durch die Straßen und brüllt laut. Plötzlich taucht ein Superheld auf – es ist Max! Er trägt einen Umhang und hat Superkräfte. Er kann fliegen und ist unglaublich stark. Max versucht, den Dino zu stoppen. Er hebt schwere Autos hoch und wirft sie in seine Richtung, aber der Dino ist zu schnell.

Dann versucht Max, den Dino mit einem Seil einzufangen, aber es reißt. Nichts funktioniert. Der Dino scheint unbesiegbar.

Plötzlich bemerkt Max etwas: Der Dino hat Angst. Er brüllt nicht aus Wut, sondern aus Verzweiflung. Max sieht, dass der Dino versucht, etwas zu beschützen – ein Nest mit Eiern. Der Dino ist kein Bösewicht, er ist ein besorgter Dino-Papa.

Max erkennt, dass er den Dino nicht bekämpfen muss. Stattdessen hilft er ihm. Er fliegt zum Nest und trägt die Eier vorsichtig an einen sicheren Ort.

Der Dino beruhigt sich und schaut Max dankbar an. Die Stadt ist gerettet, nicht durch Kämpfen, sondern durch Mitgefühl.

Am nächsten Morgen wacht Max auf. Der Traum fühlt sich so echt an und Max spürt plötzlich Mut. In der Schule sieht er Lena.

Sie sitzt wieder allein und traurig neben dem Fußball.

Max atmet tief durch und geht zu ihr.

„Hi Lena", sagt er. „Ich hab gehört, du möchtest im Team spielen. Magst du mit mir üben? Ich helfe dir."

Lena schaut überrascht. „Wirklich? Das würdest du machen?" Max nickt. „Klar. Zusammen schaffen wir das."

Die beiden üben in der Pause und Lena wird immer besser. Am nächsten Tag traut sie sich, mit den anderen zu spielen.

Als sie ein Tor schießt, jubeln alle. Lena strahlt. „Danke, Max! Ohne dich hätte ich das nie geschafft."

Max lächelt. Jetzt weiß er: „Ich bin ein Held – nicht mit Superkräften, aber mit Mut und einem guten Herzen."

Du hast mit Max gelernt

Ich bin eine echter Held.
Ich kann sein, wer ich will.
Ich kann schaffen, was ich will.
Ich kann werden, wer ich will.
Ich glaube fest an meine Träume.

Jetzt bist du dran:

Was ist deine
Superheldenkraft?

Ich hoffe sehr, dass dieses Buch einem Jungen sehr viel Freude bereitet hat! Dass es dazu beigetragen hat, dass dieser Junge Sicherheit und Freude am Lesen gewonnen hat. Und dass dieses Kind noch etwas mutiger, selbstbewusster und mit einem starken Vertrauen in sich selbst in die Welt geht.

Wenn euch dieses Buch gefallen hat, freue ich mich sehr über eine Bewertung und Lese-Erfahrung bei Amazon. Dafür einfach diesen QR-Code scannen und eine Bewertung hinterlassen. Du hilfst damit anderen Kundinnen und Kunden bei einer Kaufentscheidung. Vielen Dank dafür!

Wenn du darüber hinaus Feedback, Kritik oder Anmerkungen hast, schreib mir bitte eine Mail: elf.und.acht@gmail.com. Auch das ist sehr wertvoll für mich und hilft, meine Bücher stetig zu verbessern!

Der Druck und Versand dieses Buches liegt bei Amazon. Sollte das Buch im Ausnahmefall beschädigt bei dir ankommen, wende dich bitte direkt an Amazon und bitte unbedingt um ein neues Exemplar!

JETZT AUCH FÜR MÄDCHEN

Begleitet Lilli, die ein verstecktes Talent entdeckt.
Mit Leni traut ihr euch auf die große Bühne und lernt mit
Romy, dass man nicht die Erste sein muss, um zu gewinnen.

 8 spannende Geschichten

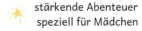 stärkende Abenteuer
speziell für Mädchen

 weibliche Heldinnen

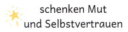 schenken Mut
und Selbstvertrauen

Überrasche eine kleine Lese-Anfängerin!
Mit diesem QR-Code kommst du direkt zum Buch:

Impressum

© 2025 Elisa Blum

Elisa Blum wird vertreten durch:

Elf & Acht Verlag
Vanessa Schlegel
c/o IP Management #18126
Ludwig-Erhard-Str. 18
20459 Hamburg

ISBN: *978-3-911637-06-0*
Herausgeber: *Elf & Acht Verlag – 1. Auflage*

Druck: *Amazon*

Kontakt: *elf.und.acht@gmail.com*

Printed in Poland
by Amazon Fulfillment
Poland Sp. z o.o., Wrocław

49024346R00046